Meine LIEBLINGS-Rezepte

Die Entdeckung eines neuen Gerichtes
macht die Menschheit glücklicher
als die Entdeckung eines neuen Sterns.
Anthelme Brillat-Savarin

Beim Essen ist Musik
ein guter Prüfstein,
denn ist das Essen gut,
so hört man
die Musik nicht.
Christian Dietrich Grabbe, Don Juan und Faust

Der Fisch will dreimal schwimmen,
im Wasser, im Schmalz und im Wein.
Deutsches Sprichwort

Vorspeisen

Vorspeisen

Vorspeisen

Vorspeisen

Vorspeisen

Vorspeisen

Vorspeisen

Vorspeisen

Vorspeisen

Vorspeisen

Vorspeisen

Vorspeisen

Vorspeisen

Vorspeisen

Vorspeisen

Vorspeisen

Vorspeisen

Vorspeisen

Vorspeisen

Kann eine von der Liebe zubereitete Mahlzeit
jemals unschmackhaft sein?

Jean-Jacques Rousseau

Sage mir, was du isst, und ich sage dir, wer du bist.

Anthelme Brillat-Savarin

Allein zu essen ist für den
philosophierenden Gelehrten ungesund.

Immanuel Kant

An deinem Herd bist du genauso ein König
wie jeder Monarch auf seinem Thron.

Miguel de Cervantes

Salate

Salate

Salate

Salate

Salate

Salate

Salate

Salate

Salate

Salate

Salate

Salate

Salate

Salate

Salate

Salate

Salate

Salate

Salate

Das Essen ist einer der vier Zwecke des Daseins.
Welches die anderen drei sind,
darauf bin ich noch nicht gekommen.

Charles-Louis de Montesquieu

Der Appetit kommt beim Essen.

François Rabelais

Iss, was gar ist,
trink, was klar ist,
sprich, was wahr ist.

Martin Luther

Suppen

Suppen

Suppen

Suppen

Suppen

Suppen

Suppen

Suppen

Suppen

Suppen

Suppen

Suppen

Suppen

Suppen

Suppen

Suppen

Suppen

Suppen

Suppen

Wer einen guten Braten hat, hat auch ein gutes Herz.
Wilhelm Busch

Eben geht mit einem Teller
Witwe Bolte in den Keller,
Dass sie von dem Sauerkohle
Eine Portion sich hole,
Wofür sie besonders schwärmt,
Wenn er wieder aufgewärmt.
Wilhelm Busch – Max und Moritz

Essen ist ein Bedürfnis,
genießen eine Kunst.
François de la Rochefoucauld

Hauptspeisen

Hauptspeisen

Hauptspeisen

Hauptspeisen

Hauptspeisen

Hauptspeisen

Hauptspeisen

Hauptspeisen

Hauptspeisen

Hauptspeisen

Hauptspeisen

Hauptspeisen

Hauptspeisen

Hauptspeisen

Hauptspeisen

Hauptspeisen

Hauptspeisen

Hauptspeisen

Hauptspeisen

Die Fackel der Liebe entzündet sich in der Küche.
Französisches Sprichwort

Es gibt kein anziehenderes Schauspiel auf Erden
als das einer schönen Frau beim Dinner-Kochen
für einen, den sie liebt.
Thomas Wolfe

Wer sich abends den Magen
nicht überlädt, dem tut morgens
der Kopf nicht weh.
Deutsches Sprichwort

Desserts

Desserts

Desserts

Desserts

Desserts

Desserts

Desserts

Desserts

Desserts

Desserts

Desserts

Desserts

Desserts

Desserts

Desserts

Desserts

Desserts

Desserts

Desserts

Auf einen guten Bissen gehört ein guter Trunk.
Deutsches Sprichwort

In vino veritas – im Wein liegt die Wahrheit.
Alkäus

Ein Gläschen in Ehren darf niemand verwehren.
Deutsche Redensart

Kuchen & Gebäck

Kuchen/Gebäck

Kuchen/Gebäck

Kuchen/Gebäck

Kuchen/Gebäck

Kuchen/Gebäck

Kuchen/Gebäck

Kuchen/Gebäck

Kuchen/Gebäck

Kuchen/Gebäck

Kuchen/Gebäck

Kuchen/Gebäck

Kuchen/Gebäck

Kuchen/Gebäck

Kuchen/Gebäck

Kuchen/Gebäck

Kuchen/Gebäck

Kuchen/Gebäck

Kuchen/Gebäck

Kuchen/Gebäck

Kuchen/Gebäck

Kuchen/Gebäck

Kuchen/Gebäck

Kuchen/Gebäck

Kuchen/Gebäck

© Ullmann Medien GmbH, Birkenstraße 10, 14469 Potsdam

Redaktion: Sandra Jacobi, Stefanie Weege
Gestaltung: Marlies Müller
Cover: Mathias Kalmár
Satz: Thema Media, Koblenz

Gesamtherstellung: Ullmann Medien GmbH

ISBN 978-3-7415-0164-7

Alle Rechte vorbehalten.
Wiedergabe, auch auszugsweise, nur mit ausdrücklicher Genehmigung durch den Verlag.